Guten Abend, gute Nacht

Die schönsten Wiegenlieder, sowie ein „Frühstücksgedicht"

Bilder von

Else Wenz-Viëtor

LAPPAN

Guten Abend, gute Nacht!

Guten Abend, gute Nacht,
Mit Rosen bedacht,
Mit Nelklein besteckt,
Schlupf unter die Deck,
Morgen früh, so Gott will,
Wirst du wieder geweckt.

Des Knaben Wunderhorn

Nachtwächterruf

Kinderlein,
Geht in euer Bett hinein.
Schlaft in Ruh,
Deckt euch tüchtig zu.
Ruhet gut,
Bis man euch morgen wecken
Tu-tu-t!

Jakob Michael Reinhold Lenz

So lala

Steht ein Töpfchen rund und nett
Unterm Bett,
So lala, so lala.
Reicht mir mal das Kindel her,
Das braucht jetzt keine Windel mehr,
So lala, so lala.

Rolle, rolle, ratteratt,
Rollt ein Wagen durch die Stadt;
Sind zwei blanke Pferdchen vor,
Hinten drauf ein schwarzer Mohr.

Horch, er hält vor unserm Haus;
Steigen zwei feine Jungherren aus,
Mit Federbarrettchen
Und goldenen Kettchen.
Schnell das Töpfchen
Unter's Bettchen!

Paula Dehmel

Kindergebet

Lieber Gott und Engelein,
Laßt mich fromm und gut sein,
Laßt mir doch auch mein Hemdlein
Recht bald werden viel zu klein.

Des Knaben Wunderhorn

Abend

Guter Vater im Himmel Du,
Meine Augen fallen zu;
Will mich in mein Bettchen legen,
Gib nun Du mir Deinen Segen,
Lieber Gott, das bitt' ich Dich:
Bleib' bei mir, hab' acht auf mich.

Wilhelm Hey

Abendgebet

Abends wenn ich schlafen geh,
Vierzehn Engel bei mir stehn:
Zwei zu meiner Rechten,
Zwei zu meiner Linken,
Zwei zu meinen Häupten,
Zwei zu meinen Füßen,
Zwei, die mich decken,
Zwei, die mich wecken,
Zwei, die mich weisen
In das himmlische Paradeisen.

Des Knaben Wunderhorn

Müde bin ich, geh' zur Ruh

Müde bin ich, geh' zur Ruh,
Schließe beide Äuglein zu;
Vater, laß die Augen dein
Über meinem Bette sein!

Alle, die mir sind verwandt,
Gott, laß ruhn in deiner Hand!
Alle Menschen groß und klein
Sollen dir befohlen sein!

Kranken Herzen sende Ruh,
Nasse Augen schließe zu;
Laß den Mond am Himmel stehn
Und die stille Welt besehn!

Luise Hänsel

Schlaf, Kindlein, schlaf

Schlaf, Kindlein, schlaf,
Der Vater hüt' die Schaf,
Die Mutter schüttelt's Bäumelein,
Da fällt herab ein Träumelein.

Schlaf, Kindlein, schlaf,
Am Himmel ziehn die Schaf,
Die Sternlein sind die Lämmerlein,
Der Mond, der ist das Schäferlein,

Schlaf, Kindlein, schlaf,
So schenk ich dir ein Schaf,
Mit einer gold'nen Schelle fein,
Das soll dein Spielgeselle sein,
Schlaf, Kindlein, schlaf!

Des Knaben Wunderhorn

Die Mutter bei der Wiege

Schlaf, süßer Knabe, süß und mild!
Du deines Vaters Ebenbild!
Das bist du; zwar dein Vater spricht,
Du habest seine Nase nicht.

Nur eben itzo war er hier
Und sah dir ins Gesicht
Und sprach: Viel hat er zwar von mir,
Doch meine Nase nicht.

Mich dünkt es selbst, sie ist zu klein,
Doch muß es seine Nase sein;
Denn wenn's nicht seine Nase wär',
Wo hättst du denn die Nase her?

Schlaf, Knabe; was dein Vater spricht,
Spricht er wohl nur im Scherz;
Hab' immer seine Nase nicht
Und habe nur sein Herz!

Matthias Claudius

Wiegenlied

Vor der Türe schläft der Baum,
Durch den Garten zieht ein Traum.
Langsam schwimmt der Mondeskahn,
Und im Schlafe kräht der Hahn,
Schlaf, mein Wölfchen, schlaf.

Schlaf, mein Wulff. In später Stund
Küss ich deinen roten Mund.
Streck dein kleines dickes Bein,
Steht noch nicht auf Weg und Stein.
Schlaf, mein Wölfchen, schlaf.

Vor der Türe schläft der Baum,
Durch den Garten zieht ein Traum.
Langsam schwimmt der Mondeskahn,
Und im Schlafe kräht der Hahn.
Schlaf, mein Wölfchen, schlaf.

Detlev von Liliencron

Gutenachtliedchen

Leise, Peterle, leise,
Der Mond geht auf die Reise;
Er hat sein weißes Pferd gezäumt,
Das geht so still, als ob es träumt,
Leise, Peterle, leise.

Stille, Peterle, stille,
Der Mond hat eine Brille;
Ein graues Wölkchen schob sich vor,
Das sitzt ihm grad auf Nas' und Ohr,
Stille, Peterle, stille.

Träume, Peterle, träume,
Der Mond guckt durch die Bäume;
Ich glaube gar, nun bleibt er stehn –
Um Peterle im Schlaf zu sehn –
Träume, Peterle, träume.

Paula Dehmel

Des Kindes Engel

Es geht durch alle Lande
Ein Engel still umher;
Kein Auge kann ihn sehen,
Doch alles siehet er,
Der Himmel ist sein Vaterland,
Vom lieben Gott ist er gesandt.

Er geht von Haus zu Hause,
Und wo ein gutes Kind
Bei Vater oder Mutter
Im Kämmerlein sich findt,
Da wohnt er gern und bleibet da
Und ist dem Kindlein immer nah.

Und geht das Kind zur Ruhe,
Der Engel weichet nicht,

Er hütet treu sein Bettchen
Bis an das Morgenlicht;
Er weckt es auf mit stillem Kuß
Zum Spielen und zum Frohgenuß.

Karl Ludwig Theodor Lieth

Sandmännchen

Die Blümchen, sie schlafen
Schon längst im Mondenschein.
Sie nicken mit den Köpfen
Auf ihren Stengelein.
Es rüttelt sich der Blütenbaum,
Er säuselt wie im Traum.
Schlafe, schlafe du, mein Kindlein, schlaf ein.

Sandmännchen kommt geschlichen
Und guckt durchs Fensterlein,
Ob irgend noch ein Liebchen
Nicht mag zu Bette sein.
Und wo er nur ein Kindchen fand,
Streut er ins Aug' ihm Sand.
Schlafe, schlafe du, mein Kindlein, schlafe ein!

Sandmännchen aus dem Zimmer,
Es schläft mein Herzchen fein,
Es ist gar fest verschlossen
Schon sein Guckäugelein;
Es leuchtet morgen mir Willkomm
Das Äugelein so fromm!
Schlafe, schlafe du, mein Kindlein, schlafe ein!

Wilhelm von Zuccalmaglio

Gott weiß

Weißt du, wieviel Sternlein stehen
An dem blauen Himmelszelt?
Weißt du, wieviel Wolken gehen
Weithin über alle Welt?
Gott der Herr hat sie gezählet,
Daß ihm auch nicht eines fehlet,
An der ganzen großen Zahl.
Weißt du, wieviel Kinder frühe
Stehn aus ihrem Bettlein auf?
Daß sie ohne Sorg' und Mühe
Fröhlich sind im Tageslauf?
Gott im Himmel hat an allen
Seine Lust, sein Wohlgefallen,
Kennt auch dich und hat dich lieb.

Wilhelm Hey

Schnarchelhänschen

Auf dem Hause kräht der Hahn:
»Gickerigick, der Tag bricht an!«

Gleich wird's munter unterm Dach,
Schwalb' und Sperling werden wach.

Und nun klopft's im Augenblick
An das Fenster: »Pickperiwick!«

Denn da liegt im Kabinett
Schnarchelhänschen noch im Bett.

„Schnarchelhänschen, ei der Taus,
Hurtig aus den Federn 'raus.

Erst ein Bein, dann noch ein Bein,
Flink nun in die Stub' herein!

Pitchepatsch! nun kommt der Schwamm,
Erst der Schwamm und dann der Kamm.

Eins und zwei und drei im Nu
In die Hosen, Strümpf' und Schuh'.

Schnell jetzt noch das Röckchen an,
Und da steht der ganze Mann!«

Friedrich Güll

Das Himmelprinzeßchen

Ich bin das Himmelprinzeßchen,
Habe Flügel von blauem Duft,
Ich schlafe im Wolkenbettchen
Und bade in Licht und Luft.
Mir gehört die silberne Schaukel
Hoch oben im Himmelssaal;
Wenn die goldenen Seile schwingen,
Blitzt es unten im Tal.

Der alte Wetterriese
Donnert und schilt mich aus,
Ich flitze über die Sterne
Und lache den Brummbart aus.
Die Mirlamein vom Monde
Webt meine Kleider und Schuh,
Die gute Mutter Sonne
Gibt goldene Spangen dazu.

Der liebe Gott hat mich gerne,
Ich bin sein liebes Kind;
Er nimmt uns auf die Kniee,
Mich und den Frühlingswind.
Des Abends sitzen wir stille
Bei Mirlamein im Zelt,
Und spinnen Wünsche und Träume
Und streuen sie über die Welt.

Paula Dehmel

Frühstück

So morgens um halb acht herum:
Rumpumpel macht das Mäulchen krumm.
Und keine fünf Minuten drauf
Wacht Rumpumpel auf.

Hu! kommt der kalte Badeschwamm,
Rumpumpel hält die Ohren stramm;
Und schlägt die Ticke-Tacke acht,
Wird ihm die Milch gebracht.

Die schmeckt Rumpumpel aber fein;
Er patscht mit beiden Fäustchen drein
Und trinkt und trinkt, bis alles leer.
Rumpumpelchen, das freut mich sehr:
Morgen gibt's gut Wetter!

Paula Dehmel